Miguelángel Meza

Pyambu

Dream Pattering Soles

translated into English by Elisa Taber

Pyambu
© Miguelángel Meza, 2021
Ñe'ẽasa © Elisa Taber, 2021

Peteĩteĩva ko'ã ñe'ẽyvoty apytégui ñe'ẽmbohasapyre imglépe osẽma *Siwar Mayu*-pe.

Señal #17
ISBN 978-1-946433-87-9

Tenondegua ñeguenohẽ, tenondegua jejopy, 2021
600 aranduka

Ugly Duckling Presse
The Old American Can Factory
232 Third Street, #E-303
Brooklyn, NY 11215
uglyducklingpresse.org

Jehai moha'anga ko tysýi rehegua: Andrew Bourne
Mba'echauka: Rebekah Smith
Tai: Chronicle Text
Jejopy ha mbovyvy / mboja: McNaughton & Gunn
Ape arigua tai jejopy: Ugly Duckling Presse

Mosarambi: SPD | Small Press Distribution
spdbooks.org

Ko tembiapo osẽ oipytyvogui Consejo de las Artes Tetãvore Nueva York-pegua, oipytyvõgui Tetãvore Sãmbyhyha Andrew M. Cuomo ha Amandaje Gyasu Tetãvore Nueva York-pegua.
Ko tembiapo osẽ oipytyvogui Fundación Robert Rauschenberg.

Dream Pattering Soles
© Miguelángel Meza, 2021
Translation © Elisa Taber, 2021

English translations of some of these poems
have appeared in *Siwar Mayu*.

Señal #17
ISBN 978-1-946433-87-9

First Edition, First Printing, 2021
600 copies

Ugly Duckling Presse
The Old American Can Factory
232 Third Street, #E-303
Brooklyn, NY 11215
uglyducklingpresse.org

Series design: Andrew Bourne
Typesetting: Rebekah Smith
Type: Chronicle Text
Printing and binding: McNaughton & Gunn
Cover and flyleaf letterpress: Ugly Duckling Presse

Distribution: SPD | Small Press Distribution
spdbooks.org

This publication was made possible by support from the New
York State Council on the Arts, with the support of Governor
Andrew M. Cuomo and the New York State Legislature.
This project is supported by the Robert Rauschenberg Foundation.

Apu

Pytũ kupýgui.

Pytũ...
Ajejopypa.
  Cheño gueteri.
Hypy
mba'e hũ puku
  ¡Ajéiko!
  Cheño gueteri.
Tuicha ro'y anambusu.
Hypy.
Aku'e sapy'a.
Apáy.
  Cheño gueteri.

Heta ake chepype.
Asẽ.
Aku'e.
Heta ake chepype ra'e.
  Cheño gueteri.

Asẽ.
Ajupi.
Añakãrapu'ãsapy'a.
Asẽ.
Aku'e.
apáymara'e.
  Cheño gueteri.
  Cheño gueteri.

Appear

From the innards of the dark.

Dark...
Everything oppresses me.
    I am truly alone.

Deep,
long shadow.
    True:
    I am alone.
Vast and dense cold.
Deep shadow.
Suddenly I move,
awaken.
    I am truly alone.

I was long asleep within me.
Emerge to keep vigil,
move.
Yes, I was asleep within me.
    I am truly alone.

Emerge,
ascend.
Suddenly I raise my head.
Emerge,
move.
Awaken.
    But I am still alone.
    Truly alone.

Ñe'ẽ reñói

Mito Sequera-pe.

Hendýsapy'a.
    Okañy pytũ...
        Ou.
    Okañy pytũ...
        Ou.
Hendy ojajái, hendy.

Ha...
ojahúvo pytũre,
ohypýi tatatĩna pererĩmi.
Hendy ha tatatĩna pererĩmi.
Oñekũmberéi tatarendy
ha hyapúvo,
Oñe'ẽ tatatĩna.

    Oikóma ñe'ẽ.
Hyapúvo, oñe'ẽ tatatĩna.
    Oikóma ñe'ẽ.
    Oryrỹima pytũ ha oho.
    Oryrỹima pytũ ha oho.

Language Sprouts

To Mito Sequera.

It suddenly ignites.
    Shadow hides
        and returns.
    Shadow hides
        and returns.

Radiance flashes, radiance.

And bathed in darkness,
fog falls as dew,
radiance and fog.
Fire licks itself
and crackles,
conversing with mist.

    Now ñe'ẽ exists.
Mist crackles, converses.
    Ñe'ẽ exists.
    Now shadow shudders and disappears.
Shudders and disappears.

Mboriahu

Yvyty rypy'ũme.

Pyambu,
kambuchi, ñasaindy.
Ysyry...
topehýi kane'õ rykueyjúi syrypopo.
Ñe'ãmbu,
mboriahu ryñehẽ kangue kuágui ayvu.
Mbegueve
    oguejy
        pyhare.
¡Amo yvývo oñuã kamby sy!
¡Oikytĩ pirĩ tuñe'ẽ!
Heñói kerasy.
Chopombe
    oguata
        okupére.

Mbokaja retekue
ombogua eirete.
Oke mboriahu.
Yvyty kua ruguáre aẽaĩ,
oke mboriahu.
Jaguami pindo guýpe avei
ha oke mboriahu.

Poverty

In the valley.

Dream pattering soles,
vessel, full moon.
Stream...
nectar that oozes from fatiguing somnolence.
Voice of the sleeper,
the bones of the poor creak below.
Night
       falls
             slowly.
Moon, milk mother, blankets the ground there.
Piercing whistle erupts goosebumps.
Moaning nightmares surface.
Chopombe
        paces
              out back.

Palm wall
sifts moon's wild honey.
The poor sleep
where the sierras cave in,
the poor sleep.
Under the pindó, a dog
and the poor person sleep.

Ñasaindy

Ñasaindy,
kamby jepyso morotĩ.
Ojehýi mombyry tuñe'ẽ.
Ju'i, kururu, karuguáre oñe'ẽ.
Karugua yma ogua ñande yvýre.
Ñasaindy,
mandyju ahoja hyjúi ñande yvýre.
Jasy oje'o, oja, oñemona,
hypase vaicha ñande yvýre.
    Ha...oke kane'õ,
    oñehẽ.
    Osỹi tetyma.
Oipykua mbyjápe jasy
ha oho ho'a, oguejy, oike, okañy.
...otĩ vaicha
    iko'ẽ hağua yvy ári.

Full Moon

Full moon,
milk spreads white.
Distant whistle tingles.
Toads and frogs clamor in swamp.
Old estuary seeps into earth.
Full moon,
cotton blanket foams on earth.
Moon bleeds color, approaches, smears,
as if to dry off on earth.
        And fatigue sleeps,
        spills.
        Legs shrink.
Moon ties stars to sky
and falls, penetrates, hides
—as if ashamed
        to dawn on earth.

Oho

Tadeo Zarratea-pe.

Omano Juan Maidana.
Káña, mboriahu ha angatágui.
Operere kangymi ku guyráicha
ha ho'a, ogue.

    Ndoryrýiri yvy mamove.
    Na'itĩndýiri poyvi mamove.
    Mavave noñandúi.
    Mavave nohetũi.

Ha'e ndoverái ijao.
Ha'e ndoverái ipyrũ.
Oka'apikuévo ñe'ẽ,
ohapyatykuévo tetã,
Juan Maidana ningo...
omano.
Upeha ko'ẽme iko'ẽ he'õ yvy.
Mbyjaita nimbora'e
    oñamive hesay.

Gone

To Tadeo Zarratea.

Juan Maidana died
of grief, moonshine, and poverty.
Like a bird wearily beating its wings,
he fell, extinguished.

    No cannon shots made the earth shake.
    No flags flew at half-mast.
    Nobody felt it.
    Nobody noticed it.

Without a radiant shroud
or radiance of footsteps,
while he weeded his words
and tilled the homeland,
he just died...
Juan Maidana.
Earth dawned moistened.
Truly, the numerous stars
    shed more tears.

Mainumby

Mainumby,
Ka'aguy rypýi
repyryrỹiva yvotypúre.
Jeguaka re'ỹire'ỹivo
ymaguivéva reju.
Nde juru puku mboy'úpe,
rehasávo yvytu
che ãhóre reje'o;
ka'aguýpe
embokua.

Ama'ẽpyta ita
ka'aguy ikuahaitére;
ahecha vaicha michĩ
avary opa pota.
Ka'aguy vaicha opa
ikuaha rupi otimbo.

Hapykuéripa reju...
Tuichave vaicha yryvúgui
ojohýivo che rova —ha'a—
ojehe'a yvytúndie
mainumby
nera'anga.

Hummingbird

Mainumby,
fleck of forest
fluttering vertiginously by opening buds,
wearing out ornaments:
you originate afar in time.
Your long sipping beak
pierces
 the forest,
and traversing the wind
you seal my sighs.

My eyes turn to stone
your rift in the forest.
I seem to see, in miniature,
a stream of men ending.
The forest seems to end,
smolder, through that hole.

You seem to follow it,
Mainumby...
your image,
the size of a crow,
merges with the wind
grazing my cheek
 —and I fall.

Jasy

Ambyasy, jasy.
Ysoindy ojepokapáva okúi.
Ñande yvy jeko ijaku'ipáta,
opáta
ha nde imemby, máva jyváreiko rejeréta
Ambyasy;
ha yvága omohu'itĩ ysyry,
okúi ñembyasy ku'i.
Oñuã tanimbu rypýi ñu guasúre,
ka'aguy guasúre.
Ha nde
reguevívaicha repyryrỹivo
hypyveháre yvága.
Ambyasy, jasy,
ha tapichakuéra itĩndy
ñande yvy tuichaha javeve.
   Nga'u opa pochy, vai ha ky'a.
   ¡Javy'aiténeiko!
   Nga'u opa añaita ha mano.
   ¡Javy'aiténeiko!

Jasy...
Ko'ẽmbotávo resẽ,
Mba'éiko oiméta
   ko repáva rehóvo.

Moon

I suffer, moon.
Wrung firefly falls.
Earth will turn to dust, they say.
End. Then,
who will you, her daughter, orbit?
I suffer:
The sky wrecks the rivers.
Sadness' dust falls.
Ashes cover the fields and
the vast forest.
And you
seem to spin back
into the sky's depths.
I suffer, moon.
Men humiliate the head
across the terrestrial expanse.
     If rage, cruelty, and waste end,
     joy!
     If all evil and death end,
     joy!

Moon...
You rise at dawn.
Waning
     you predict. What?

Opa

Oñyñýi ko'ã tape.
Oñyñýi che py, che kũ.
Oñyñýi yvy, ko y.
Iñacha'ĩ tembi'u, opa, ho'a, ipo'i.
Guyra mayma okuipa.
Iku'ipa lomitã.
Okali'u temitỹ, ojehekýi, oguepa.
Oñehundi che taita. Che sy. Che ru. Che ro'o.
Oñyñýi yvy, opo, ho'a, ojeka.
Opo. Ho'a. Ojeka.
                    Opa.

End

These roads shrivel.
My tongue and feet shrivel.
Earth traversed by bodies of water shrivels.
Emaciated food never ripens, it falls, perishes, ends.
A plenitude of birds falls.
Group dismembers.
Crops fail, all the seeds dislodged and extinguished.
Lost my grandfather. My mother. My father. My flesh.
Shriveling earth trembles, falls in, breaks apart.
Trembles. Falls. Breaks.
End.

Nandipa

Oguévo ára.
Carlos Villagra Marsal-pe.

Hypa ysyry,
hypáma mayma ysyry.
Yma ojoasapa, ochivi, oñehẽ, opopo
ha oje'ói.
Ogue pira'i,
ogue itaju pehẽngue pira'i.
Yma ojykyiva'ekue y.
Hypa.
Oguapýma ava ha oke.
Tatatĩ iñakãgui osẽ.

Ohecha ka'aguýre ysyrỹicha
ava ojoasapárõ yma.
Kau'y, tata, jeroky pyhare, takuapu.

Oñenóta ava ha omano.
Mavave ndohechái,
ndohechái mavave pe eíra iñe'ẽ
otykýva yvágui
ombokua ha oñotỹrõ
mbyja yvyguýre.
Ogue ava.
Oguejy yvága.
Ojehe'a nandipa yvýre,
ñande yvýre.
Nandipa yvýre.

Void

> *As day dims.*
> *To Carlos Villagra Marsal.*

Dry stream.
All the dry streams.
They intertwined, gushed, overflowed, cascaded.
Then, disappeared.
Small fish extinguished.
Small fish with gold scales,
bred by bodies of water that dried,
extinguished.

>   Man leans back to sleep.
>   His head smolders.

Dreams of his ancestors
intertwined, like water in the forest;
of water binged, bonfires,
dances in the dark, and resounding takuapu.

Man lies down to die.
Sees nobody.
Nobody sees his honey words
drip from the sky
and perforate the soil
to stow the brightest stars.
Man dimmed.
Sky descended.
They merged, void and earth,
our earth.
Void earth.

Y'ita pererĩ

Ára paha gotyo.

Hyjúi y pytu ha hatã.
 ¡Cheño peteĩ!
Hatã y pytu ha haimbe.
 ¡Cheño peteĩ!
Hakua y pytu ha oikytĩ.
Opopo che ruguy osẽse
 ha ipytũ...kuimba'e!
Mbyja mombyry oma'ẽ.
Hyjúi pytũguýre y
 ha...icheño peteĩ!
Ojupi tuñe'ẽ kuruguáre.
 ¡Hasy...kuimba'e!

Hypa tata'y.
 Ogue sapyso.
 Ipuku to'ysã.

¡Mamóiko ko'ẽ rekañy!
Ijypi che kupy, ikangy.
 ¡Cheño peteĩ!

Ojehýi yvytu,
 mbegue ojepyso.
 Ipohýi ã itaky sarambi.

Ama'ẽ arasẽre ha oke,
 oke...arasẽ.
 ¡Mamóiko ko'ẽ rekañy...!

Pebble

End times.

Water's breath foams and hardens.
    Soul alone.
Water's breath is hard and sharp.
    Soul alone.
Water's breath pierces and cuts.
My blood rushes to escape,
    see how dark it is!
Bright stars widen eyes afar.
Water foams under shadow
    and I...a soul alone.
Whistle rises from swamp,
    hear how it hurts!

Charred logs dried.
    Extended gaze extinguished.
    Endless cold.

You lost yourself, dawn?
My legs buckle, dry.
    Soul alone!

Tingling wind
    sprawls slowly.
        Dispersed stones anchor.

Look East, it is asleep,
    sun asleep.
        You lost yourself, dawn!

Delgada piedra de agua

Hacia el fin de los tiempos.

Se espuma y endurece el aliento del agua.
    Yo solo y mi alma.
Es duro y filoso el aliento del agua.
    Yo solo y mi alma.
Es agudo y cortante el aliento del agua.
Se apura mi sangre queriendo salir,
    ¡y mira que está oscuro!
Los luceros, con ojos abiertos desde lejos.
El agua se espuma bajo la tiniebla
    y...yo solo y mi alma.
Sube un silbo del pantano,
    ¡y mira que duele!

Se secaron los tizones.
    Se apagó la extendida mirada.
    Largo es el frío.

¿Dónde te has perdido, amanecer?
Mis piernas desfallecen, se secan.
    ¡Yo solo y mi alma!

Hormiguea el viento
    y lentamente se propaga.
        Pesa este roquedal disperso.

Miro el Naciente y está dormido,
    está dormido el Naciente.
    ¡Dónde te has perdido, amanecer!

Y'ita pererĩ

Ára paha gotyo.

Hyjúi y pytu ha hatã.
¡Cheño peteĩ!
Hatã y pytu ha haimbe.
¡Cheño peteĩ!
Hakua y pytu ha oikytĩ.
Opopo che ruguy osẽse
  ha ipytũ...kuimba'e!
Mbyja mombyry oma'ẽ.
Hyjúi pytũguýre y
  ha...icheño peteĩ!
Ojupi tuñe'ẽ kuruguáre.
  ¡Hasy...kuimba'e!

Hypa tata'y.
  Ogue sapyso.
    Ipuku to'ysã.

¡Mamóiko ko'ẽ rekañy!
Ijypi che kupy, ikangy.
  ¡Cheño peteĩ!

Ojehýi yvytu,
  mbegue ojepyso.
    Ipohýi ã itaky sarambi.

Ama'ẽ arasẽre ha oke,
  oke...arasẽ.
    ¡Mamóiko ko'ẽ rekañy...!

Vacío

Al apagarse el día.
A Carlos Villagra Marsal.

Se secó el arroyo.
Se secaron todos los arroyos.
Antes se entrecruzaban, chorreaban, se derramaban, saltaban,
y se iban.
Se apagaron los pececillos.
Se apagaron los pececillos de escamas de oro
que las aguas, antes, engendraran.
Se secó.

    Ya se reclina el hombre a dormir.
    Humea su cabeza.

Y sueña que ve a su gente como antaño
entrecruzándose, tal el agua en los montes;
y ve también el agua de la borrachera, fogatas,
danzas en la noche, tacuaras sonantes.

Va a acostarse el hombre a morir.
No ve nadie,
nadie ve que su palabra de miel,
goteando del cielo,
horada la tierra
para guardar en ella los luceros.
Se apagó el hombre.
El cielo descendió.
El vacío se mezcló a la tierra,
a nuestra tierra.
El vacío a la tierra.

Nandipa

Oguévo ára.
Carlos Villagra Marsal-pe.

Hypa ysyry,
hypáma mayma ysyry.
Yma ojoasapa, ochivi, oñehẽ, opopo
ha oje'ói.
Ogue pira'i,
ogue itaju pehẽngue pira'i.
Yma ojykyiva'ekue y.
Hypa.
Oguapýma ava ha oke.
Tatatĩ iñakãgui osẽ.

Ohecha ka'aguýre ysyrỹicha
ava ojoasapárõ yma.
Kau'y, tata, jeroky pyhare, takuapu.

Oñenóta ava ha omano.
Mavave ndohechái,
ndohechái mavave pe eíra iñe'ẽ
otykýva yvágui
ombokua ha oñotỹrõ
mbyja yvyguýre.
Ogue ava.
Oguejy yvága.
Ojehe'a nandipa yvýre,
ñande yvýre.
Nandipa yvýre.

Final

Estos caminos se secan
arrugándose.
Se me secan arrugándose la lengua y los pies.
Se secan arrugándose la tierra y estas aguas.
Se torna rugoso el alimento, se adelgaza, cae, se acaba.
La plenitud de pájaros cayó.
Se fragmentaron los compañeros.
Se malogró la siembra, se zafó y entera se apagó.
Se perdió mi abuelo. Y mi madre. Y mi padre. Y mi carne.
Se seca arrugándose la tierra, salta, cae, se quiebra.
Salta. Cae. Se quiebra.
Final.

Opa

Oñyñýi ko'ã tape.
Oñyñýi che py, che kũ.
Oñyñýi yvy, ko y.
Iñacha'ĩ tembi'u, opa, ho'a, ipo'i.
Guyra mayma okuipa.
Iku'ipa lomitã.
Okali'u temitỹ, ojehekýi, oguepa.
Oñehundi che taita. Che sy. Che ru. Che ro'o.
Oñyñýi yvy, opo, ho'a, ojeka.
Opo. Ho'a. Ojeka.
                Opa.

Luna

Yo sufro, luna.
Luciérnaga que se tuerce enteramente y cae.
Dicen que la tierra se hará polvo,
que acabará
y entonces tú, su hija, ¿en qué órbita girarás?
Sufro:
el cielo desbarata el agua de los ríos
y cae el polvo de la tristeza.
La regada ceniza cubre los campos,
el vasto monte.
Y tú
pareciera que retrocedes rotando
hacia los fondos del cielo.
Yo sufro, luna,
y los hombres humillan la cabeza
por toda la extensión terrestre.
    Si terminaran la ira, el mal y la basura,
    ¡cuánta alegría!
    Si terminaran la entera maldad y la muerte,
    ¡cuánta alegría!

Luna...
Al alba sales.
¿Qué irá a suceder
    que vas borrándote?

Jasy

Ambyasy, jasy.
Ysoindy ojepokapáva okúi.
Ñande yvy jeko ijaku'ipáta,
opáta
ha nde imemby, máva jyváreiko rejeréta
Ambyasy;
ha yvága omohu'itĩ ysyry,
okúi ñembyasy ku'i.
Oñuã tanimbu rypýi ñu guasúre,
ka'aguy guasúre.
Ha nde
reguevívaicha repyryrỹivo
hypyveháre yvága.
Ambyasy, jasy,
ha tapichakuéra itĩndy
ñande yvy tuichaha javeve.
  Nga'u opa pochy, vai ha ky'a.
  ¡Javy'aiténeiko!
  Nga'u opa añaita ha mano.
  ¡Javy'aiténeiko!

Jasy...
Ko'ẽmbotávo resẽ,
Mba'éiko oiméta
  ko repáva rehóvo.

Colibrí

Colibrí,
salpicadura del monte
que zumbas vertiginosamente en la abertura de las flores
rayendo y rayendo ornatos:
de lejos en el tiempo vienes.
Con tu largo pico libador
perforas el monte,
y al cruzar el viento
te sellas en mis suspiros.

Fijo, con ojos de piedra miro
el hueco en el monte;
me parece ver, diminuto,
un arroyo de hombres a punto de acabarse.
Pareciera que el mismo monte se acaba,
humeando, por ese agujero.

Y es como si detrás vinieras tú...
más grande que la de un cuervo
tu imagen,
colibrí,
se mezcla al viento
estregando mi mejilla
    —y caigo.

Mainumby

Mainumby,
Ka'aguy rypýi
repyryrỹiva yvotypúre.
Jeguaka re'ỹire'ỹivo
ymaguivéva reju.
Nde juru puku mboy'úpe,
rehasávo yvytu
che ãhóre reje'o;
ka'aguýpe
    embokua.

Ama'ẽpyta ita
ka'aguy ikuahaitére;
ahecha vaicha michĩ
avary opa pota.
Ka'aguy vaicha opa
ikuaha rupi otimbo.

Hapykuéripa reju...
Tuichave vaicha yryvúgui
ojohýivo che rova —ha'a—
ojehe'a yvytúndie
mainumby
    nera'anga.

Se fue

A Tadeo Zarratea.

Murió Juan Maidana
de pena, aguardiente y pobreza.
Como pájaro de lánguido aleteo
cayó, se apagó.

En ningún sitio tembló la tierra.
En ninguna parte se vieron banderas a media asta.
Nadie lo sintió.
Nadie lo notó.

Sin mortaja luciente
ni relumbre de pasos.
Mientras carpía su palabra
y afirmaba la patria,
se murió nomás
Juan Maidana.
Al alba siguiente, amaneció húmeda la tierra.
Verdaderamente, las estrellas numerosas
acrecieron su llanto.

Oho

Tadeo Zarratea-pe.

Omano Juan Maidana.
Káña, mboriahu ha angatágui.
Operere kangymi ku guyráicha
ha ho'a, ogue.

Ndoryrýiri yvy mamove.
Na'itĩndýiri poyvi mamove.
Mavave noñandúi.
Mavave nohetũi.

Ha'e ndoverái ijao.
Ha'e ndoverái ipyrũ.
Oka'apikuévo ñe'ẽ,
ohapyatykuévo tetã,
Juan Maidana ningo...
omano.
Upeha ko'ẽme iko'ẽ he'õ yvy.
Mbyjaita nimbora'e
oñamive hesay.

Plenilunio

Plenilunio,
leche blancamente propagada.
A lo lejos hormiguea un silbido.
Sapos y ranas claman en la ciénaga.
El viejo estero se filtra en la tierra.
Plenilunio,
la manta de algodón se espuma en la tierra.
La luna se destiñe, se arrima, se unta
como si quisiera secarse en la tierra.
    Y duerme la fatiga,
      se derrama.
      Se encogen las piernas.
La luna sujeta las estrellas
y se va cayendo, desciende, penetra; se oculta
como si se avergonzara
        de amanecer sobre la tierra.

Ñasaindy

Ñasaindy,
kamby jepyso morotĩ.
Ojehýi mombyry tuñe'ẽ.
Ju'i, kururu, karuguáre oñe'ẽ.
Karugua yma ogua ñande yvýre.
Ñasaindy,
mandyju ahoja hyjúi ñande yvýre.
Jasy oje'o, oja, oñemona,
hypase vaicha ñande yvýre.
Ha...oke kane'õ,
oñehẽ.
Osỹi tetyma.
Oipykua mbyjápe jasy
ha oho ho'a, oguejy, oike, okañy.
...otĩ vaicha
iko'ẽ hağua yvy ári.

Pobreza

Entre las serranías.

Resonar de los pasos,
cántaro, plenilunio.
Arroyo...
zumo que brota a chorros del fatigado sueño.
Voz del durmiente,
los huesos del pobre crujen desde el fondo.
Desciende
    más despacio
        la noche.
Allá abajo cubre el suelo la luna madre de la leche.
Un silbo corta el calofrío.
Aflora el quejido al sueño.
El duende
    trajina
        detrás de la casa.

La pared de palmas
cuela la miel silvestre de la luna.
Duerme el pobre,
en la hondura de las serranías, pobre,
duerme el pobre.
Bajo el pindó, también su pobre perro,
y duerme el pobre.

Mboriahu

Yvyty rypy' ũme.

Pyambu,
kambuchi, ñasaindy.
Ysyry...
topehýi kane'õ rykueyjúi syrypopo.
Ñe'ãmbu,
mboriahu ryñehẽ kangue kuágui ayvu.
Mbegueve
    oguejy
        pyhare.
¡Amo yvývo oñuã kamby sy!
¡Oikytĩ pirĩ tuñe'ẽ!
Heñói kerasy.
Chopombe
    oguata
        okupére.

Mbokaja retekue
ombogua eirete.
Oke mboriahu.
Yvyty kua ruguáre ağaĩ,
oke mboriahu.
Jaguami pindo guýpe avei
ha oke mboriahu.

Brota el lenguaje

A Mito Sequera.

Se enciende de pronto,
    Se esconde la tiniebla
        y vuelve.
    Se esconde la tiniebla
        y vuelve.

El resplandor centellea, el resplandor.

Y al bañarse de oscuridad,
rocía neblina delgada,
resplandor y neblina delgada.
A sí misma se lame la fogata
y al crepitar
conversa la neblina.

    Ya se hizo el lenguaje.
Al crepitar, conversa la neblina.
    Se hizo el lenguaje.
    Ya se estremece la tiniebla y se va.
    Se estremece y se va.

Ñe'ẽ reñói

Mito Sequera-pe.

Hendýsapy'a.
　　Okañy pytũ...
　　　　Ou.
　　Okañy pytũ...
　　　　Ou.
Hendy ojajái, hendy.

Ha...
ojahúvo pytũre,
ohypýi tatatĩna pererĩmi.
Hendy ha tatatĩna pererĩmi.
Oñekũmberéi tatarendy
ha hyapúvo,
Oñe'ẽ tatatĩna.

　　Oikóma ñe'ẽ.
Hyapúvo, oñe'ẽ tatatĩna.
　　Oikóma ñe'ẽ.
　　Oryrỹima pytũ ha oho.
　　Oryrỹima pytũ ha oho.

Aparezco

                Viniendo de las entrañas de lo oscuro.

Qué oscuro...
Todo me oprime.
      Aún estoy solo.

Qué honda
esta larga tiniebla.
      Cierto:
      aún estoy solo.
Es vasto y denso el frío,
honda la tiniebla.
Súbitamente me muevo,
estoy despierto.
      Aún estoy solo.

Qué mucho he dormido en mí mismo.
Salgo a la vigilia,
me muevo.
Verdaderamente he dormido mucho
en mí mismo.
      Aún estoy solo.

Salgo,
subo.
Súbitamente levanto la cabeza.
Salgo,
me muevo.
Verdaderamente
estoy despierto.
      Pero aún estoy solo.
      Aún estoy solo.

Apu

Pytũ kupýgui.

Pytũ...
Ajejopypa.
　　Cheño gueteri.

Hypy
mba'e hũ puku
　　¡Ajéiko!
　　Cheño gueteri.
Tuicha ro'y anambusu.
Hypy.
Aku'e sapy'a.
Apáy.
　　Cheño gueteri.

Heta ake chepype.
Asẽ.
Aku'e.
Heta ake chepype ra'e.
　　Cheño gueteri.

Asẽ.
Ajupi.
Añakãrapu'ãsapy'a.
Asẽ.
Aku'e.
apáymara'e.
　　Cheño gueteri.
　　Cheño gueteri.

Ya no está sola la piedra Formerly and Again Known as
© Miguelángel Meza, 2021
Traducción © Carlos Villagra Marsal, Miguelángel Meza
y Jacobo Rauskin, 2021

Publicado originalmente en edición bilingüe guaraní-español
como *Ita ha'eñoso / Ya no está sola la piedra*
(Asunción: Alcándara Editora, 1985)

Algunas traducciones al inglés de estos poemas han aparecido
en *Siwar Mayu*.

Señal #17
ISBN 978-1-946433-87-9

Primera edición, primera impresión, 2021
600 ejemplares

Ugly Duckling Presse
The Old American Can Factory
232 Third Street, #E-303
Brooklyn, NY 11215
uglyducklingpresse.org

Diseño gráfico de la serie: Andrew Bourne
Maquetación: Rebekah Smith
Fuente: Chronicle Text
Impresión y encuadernación: McNaughton & Gunn
Impresión de la tapa y de las guardas: Ugly Duckling Presse

Distribución: SPD | Small Press Distribution
spdbooks.org

Obra publicada con el apoyo del Consejo de las Artes
del Estado de NuevaYork, con el apoyo del Gobernador
Andrew M. Cuomo y la Legislatura del Estado de Nueva York.
Este proyecto cuenta con el apoyo de la Fundación Robert Rauschenberg.

 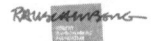

Ita ha'eñoso
© Miguelángel Meza, 2021
Ñe'ẽasa © Carlos Villagra Marsal, Miguelángel Meza
y Jacobo Rauskin, 2021

Peteĩteĩva ko'ã ñe'ẽyvoty apytégui ñe'ẽmbohasapyre imglépe osẽma *Siwar Mayu*-pe.

Señal #17
ISBN 978-1-946433-87-9

Tenondegua ñeguenohẽ, tenondegua jejopy, 2021
600 aranduka

Ugly Duckling Presse
The Old American Can Factory
232 Third Street, #E-303
Brooklyn, NY 11215
uglyducklingpresse.org

Jehai moha'anga ko tysýi rehegua: Andrew Bourne
Mba'echauka: Rebekah Smith
Tai: Chronicle Text
Jejopy ha mbovyvy / mboja: McNaughton & Gunn
Ape arigua tai jejopy: Ugly Duckling Presse

Mosarambi: SPD | Small Press Distribution
spdbooks.org

Ko tembiapo osẽ oipytyvogui Consejo de las Artes Tetãvore Nueva York-pegua, oipytyvõgui Tetãvore Sãmbyhyha Andrew M. Cuomo ha Amandaje Gyasu Tetãvore Nueva York-pegua. Ko tembiapo osẽ oipytyvogui Fundación Robert Rauschenberg.

 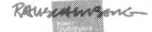

Miguelángel Meza

Ita ha'eñoso

Ya no está sola la piedra
Formerly and Again
Known as

traducido al español por Carlos Villagra Marsal,
Miguelángel Meza y Jacobo Rauskin

Notes to the poems

Ñe'ẽ. Word-soul.

Chopombe. Character from Guaraní mythology, also known as the Pombero. If those who enter the forest leave him tobacco and moonshine, he becomes their protector. If they do not, he becomes their enemy; he sexually assaults the women and claims their children as his own. The Pombero never speaks but emits unintelligible sounds, including his characteristic whistle, referenced in "Full Moon" and "Pebble."

Pindó. Queen palm.

Mainumby. Primordial hummingbird. Mainumby provides Ñamandú, the self-created first man, sustenance from paradise before the latter creates earth.

Takuapu. Guaraní percussion instrument made of bamboo.

	Ita ha'eñoso	
Dream Pattering Soles		Ya no está sola la piedra
	Pyambu	

Translator's note printed at Prestige Printing, Brooklyn, NY
Folded and inserted by volunteers at the UDP studio

Tymbakuéra ha'e yvypóra ha opavavéva tuichamba'eterei, nomanói ha oujeyjey. Añe'ērekýivo takã'i'ohára Gloria E. Chacón-me, yvagapy ha jeiko katuĩ oñomoirũ.

Haihára ha takã'i'ohára Mario Castells he'i *Dream Pattering Soles* rehe: "heta ñe'ẽ avañe'ẽ [guaraní] apytépe ha'e pehẽngue'i mombe'ugua'u rehegua, yna guare yhasaha ombojuajúva tapicha'aty paraguaiháicha ijypykuéra guaraní rehe". Cadogan oñepyrũ ombyaty ha upévo ohechakuaa upe ñe'ẽjuaju "jasyra'ýnteko ojovaheihína" he'iseha añetegua ha ijave mombe'ugua'úva. Ñe'ẽmbohasapy oĩhaichaite España ñe'ẽme, "la luna nueva se lava la cara", oñe'ẽ "Mombe'ugua'u mitãkõi rehegua: kuarahy ha jasy ñepyrũ" rehe. Iñe'ẽmbohasa mbojojakañyháicha España ñe'ẽme, "lluvia torrencial", oñe'ẽ katuetei nunga oky tuicha jasyra'y jave rehe. Ko ñe'ẽjuaju ha'e mbojojakañy mboheraambue rehegua jasy oikégui ama rekovia, ha upe ijuaju ojapo chuguikuéra peteĩ mba'epajeýnte rehegua, yvóra osẽnteva ha yvagapy ohecháhaicha mbya guaraní.

Hetave paraguaipegua tapicha oñe'ẽva guaraníme ha joparápe, ñe'ẽ pyahu nunga oiporúva ñangareko porã'ỹre guaraní apytépe España ñe'ẽ. Paraguáipe ary 80 jerére, peteĩ aty oĩhápe Meza, Tadeo Zarratea, Juan Maidana ha ambuéva oñepyrũ ohai ña'ẽporãhaipyre ha ñe'ẽyvoty guaraníme ohechaukaháпe mba'eichaitépa tetã rembiasa umi árape. Oguerojera hetaichagua jehai ha umíva rupive imandu'amimi mbya guaraní mombe'ugua'úre ha ñande ypykuéra ñorairõ ijyvy teére ha temikotevẽ yvyporaháicha ohóva ñe'ẽ jeporu rehe. Upeive, ombo'arereko guaraní poru yma je'e rupive ohendukávo ñe'ẽyvoty ha mba'emombe'u umi ka'irãiha rupi, mba'yruguata rupi ha okavusuha rupi. Alfredo Stroessner sãmbyhy mbarete ramoguare ipukuva'ekue mbohapypa po ary (1954–1989), tembiapokuéra teko'apóva ko ñe'ẽme ha'eva'ekue, he'iháicha Meza, "juru jokorãicha" ko tetã sãmbyhy oporonupãva rovái.

Pe techapyrãva mba'éichapa Meza ohechauka ta'eñoreko tapicha'atyreko guive ñanemomandu'a paraguáipe ojejapoháicha ñanduti jeguaka rehe, he'iséva ñandu ao. Ko ñanduti, ñe'ẽ imboheraháichante avei, ha'e heta hendáicha kolóñaramo guare, España-gua. Upevére, ypykuéra mombe'ugua'u hapo ojapokói ñe'ẽ guaraníre ojehekyiramoguáicha inimbo jeguakarãnguéragui, ko mba'ejegua jejaporã ojehekyiva'erã inimbo oñembojegua rire. *Dream Pattering Soles*-pe mba'eichaitépa oĩ ipahápe oho mbojakañy rekovia oguahẽnguévo ambue teko rehe ha ambue oikovéva rehe oiko chugui g̃uahẽ oikóvo ha'ejeýnte ambuépe: ché ñe'ẽyvotýva, pe Pombéro tẽrã peteĩ ita naha'eñovéimava.

Miguelángel Meza ha'e ñe'ẽpapára ha arandupy guaraníme mongu'ehára, osyguisẽ Ka'akupépe, Paraguái, 1955-pe. Oguereko heta tembiapo takã'i'o ha ñe'ẽmbohasa rehegua, ha omba'apova'ekue Tetã Arandupy Sãmbyhyha Paraguái-pe. Iñarandukakuéra apytépe oĩ *Ita ha'eñoso* (Alcándara), *Perurima rapykuere* (Ediciones Taller), *Perurima pypore* (Servilibro) ha ambuevéva. Omoñeppyrũ aranuka'apoha kuatia'atãva Mburukujarami Kartonéra, ha kóva rupive oguenohẽ heta aranduka imba'éva ha ambue haihára mba'éva.

Elisa Taber-gui oiko potaite doytóra McGill University-pe. Ijehai ha iñe'ẽmbohasa omboho'o peteĩ angekói, jepeve upe angekói ha'e peteĩ vy'aichagua. *An Archipelago in a Landlocked Country* (11:11 Press) ha'e iñaranduka ñepyrũ.

una metonimia". En *Dream Pattering Soles* las metáforas de metonimias derriban la tríada naturaleza / cultura / supernaturaleza y son reemplazadas por la literalidad. Los animales son humanos y todo es sagrado, inmortal, cíclico. Parafraseando a la investigadora Gloria E. Chacón, el cosmos y la cotidianeidad son simbióticos.

El escritor e investigador Mario Castells dice sobre *Dream Pattering Soles*: "muchas palabras del avañe'ẽ [guaraní] son unidades mínimas de relatos míticos, antiguos puentes que unen a la sociedad paraguaya con sus ancestros guaraníes". Cadogan empezó a hacer la recopilación cuando advirtió que la frase "jasyra'ynteko ojoyvahẽhina" se refiere tanto a la realidad como al mito. Su traducción literal al español, "la luna nueva se lava la cara", alude al "Mito de los gemelos: génesis del sol y de la luna". Su traducción metafórica al español, "lluvia torrencial", alude al hecho de que habitualmente las fuertes lluvias coinciden con la primera fase lunar. La frase es una metáfora de una metonimia porque la luna sustituye la lluvia, mientras que la relación entre ellas las vuelve parte de un todo, el mundo natural y la cosmología mbyá guaraní.

La mayor parte de la población paraguaya habla jopara, una neo-lengua que mezcla descuidadamente el español y el guaraní. En el Paraguay de los años 80, un grupo que incluía, entre otrxs, a Meza, Tadeo Zarratea y Juan Maidana empezó a escribir ficción y poesía en guaraní en la que representaban la realidad nacional contemporánea. Desarrollaron distintos estilos mediante los cuales hacían referencia a la mitología mbyá guaraní y a la lucha de las comunidades indígenas por la tierra y los derechos humanos asociados al uso de la lengua. Además, perpetuaban la tradición oral del guaraní al recitar sus poemas y relatos en las cárceles, en los autobuses y en las plazas públicas. En el contexto de la dictadura de Alfredo Stroessner que duró treinta y cinco años (1954-1989), la producción cultural en esta lengua era, en palabras de Meza, "contestataria" frente al gobierno represor.

El particular modo en que Meza representa lo individual a partir de lo comunitario evoca la técnica paraguaya de bordado ñanduti, que significa tela de araña. El ñanduti, del mismo modo que la lengua que le da nombre, es en muchos sentidos colonial, español. Sin embargo, los mitos indígenas están enraizados tanto en las palabras en guaraní como en cada punto que se descose, ya que la técnica de este encaje, descripta por la poeta Josefina Plá, consiste en extraer hilos de una tela. En *Dream Pattering Soles* la literalidad finalmente reemplaza la metáfora a medida que la sintonía con otros modos de ser y otros seres se transforma en un llegar a ser unx mismo *en otrxs*: el yo lírico, el Pombero o una piedra libre de soledad.

Miguelángel Meza es un poeta y promotor cultural guaraní, nacido en Caacupé, Paraguay, en 1955. Ha contribuido con numerosos trabajos de investigación y traducciones, y ha trabajado para la Secretaría Nacional de Cultura de Paraguay. Sus libros incluyen *Ita ha'eñoso* (Alcándara), *Perurima rapykuere* (Ediciones Taller) y *Perurima pypore* (Servilibro), entre otros. Ha fundado la editorial cartonera Mburukujarami Kartonéra, con la que ha publicado gran cantidad de libros de su autoría y de otros autores.

Elisa Taber se está doctorando en McGill University. Su escritura y traducciones encarnan una inquietud, aun cuando esa inquietud es un tipo de alegría. *An Archipelago in a Landlocked Country* (11:11 Press) es su primer libro.

The writer and researcher Mario Castells says of *Dream Pattering Soles*, "Many words in avañe'ẽ [Guaraní] are micro-units of mythic narratives, ancient bridges that link Paraguayan society to their Guaraní ancestors." Cadogan began his compilation when he realized that the phrase "jasyra'ýnteko ojovaheihína" references both reality and myth. Its literal English translation, "the new moon is washing its face," alludes to "The Myth of the Twins: Genesis of the Sun and the Moon." Its metaphoric English translation, "torrential rain," alludes to the fact that heavy rainfall and the first lunar phase usually coincide. This phrase is a metaphor for a metonymy because the moon stands in for the rain, while their relationship renders them parts of a whole, the natural world and Mbyá Guaraní cosmology.

Most of the population in Paraguay speaks Jopara, a neo-language that merges Spanish and Guaraní. In Paraguay in the eighties, a group of writers, including Meza, Tadeo Zarratea, and Juan Maidana, began writing fiction and poetry in Guaraní that depicted the contemporary national reality. They developed distinct authorial styles while referencing the Mbyá Guaraní mythology as well as the land claims and human rights violations associated with this Indigenous language. They perpetuated its oral tradition by reciting their poems and stories in jails, on buses, and in public squares. In the context of Alfredo Stroessner's thirty-five-year dictatorship (1954–1989), cultural production in this Indigenous language was, in the author's words, "contestatario" to the repressive rule.

The counterintuitive way that Meza renders the individual out of the communal is reminiscent of the Paraguayan embroidery technique, ñandutí, which means spider's web. Ñandutí, like the language that gives this lace its name, is in many ways colonial, Spanish. However, Indigenous myths are embedded both in Guaraní words and in ñandutí unstitches, whose technique, as described by the poet Josefina Plá, involves extracting threads from fabric. In *Dream Pattering Soles* literality finally replaces metaphor as attunement leads from being *with* to becoming yourself *in* an other: the lyric voice, the Pombero, or a stone freed from solitude.

Miguelángel Meza is a Guaraní poet and cultural promoter born in Caacupé, Paraguay, in 1955. He has contributed to numerous anthropological and linguistic research studies, as well as translations, and worked for the National Ministry of Culture of Paraguay. His books include *Ita ha'eñoso* (Alcándara), *Perurima rapykuere* (Ediciones Taller), and *Perurima pypore* (Servilibro), among others. He is the founder of the cartonera press Mburukujarami Kartonéra, with which he has published numerous titles authored by him and others.

Elisa Taber is a PhD candidate at McGill University. Her writing and translations are troubled into being, even when that trouble is a kind of joy. *An Archipelago in a Landlocked Country* (11:11 Press) is her first book.

Ita ha'eñoso / Ya no está sola la piedra Formerly and Again Known as Pyambu / Dream Pattering Soles is a trilingual chapbook written in Guaraní by Miguelángel Meza; translated into Spanish by Carlos Villagra Marsal, Jacobo Rauskin, and the author; and translated into English by me. The original title, *Pyambu*, whose literal English translation is *Dream Pattering Soles*, was replaced by the Spanish translators with *Ya no está sola la piedra* (*The Stone Is No Longer Alone*), whose literal Guaraní translation, *Naha'eñovéima ita*, was rejected by the author and replaced with *Ita ha'eñoso*, whose literal English translation is *Solitude Abandons Stone*.

The first diagram in this note illustrates the literal and literary or metaphoric meanings of the titles. The metaphors stand in for practices of attunement to other ways of being and beings in the world. The oneiric auditory image (Dream Pattering Soles) makes you aware of menacing presences, deities turned human—including the Pombero, a character from Paraguayan mythology. The affective visual image (The Stone Is No Longer Alone) makes you aware of multiple comforting presences, the humanity of the nonhuman—including a mineral.

The slashes between the titles and their translations represent the resemblances and differences between the versions. Variation is due to the inequivalences between the syntax and vocabulary of the source and target languages. Similarity is due to the sequencing of the translations of the Guaraní original, i.e., the English could not exist without the Spanish bridge. The slashes also represent line breaks, each version continues where the last left off by expounding additional connotations latent in the original.

The second diagram illustrates how the versions relate cyclically as well as sequentially. The English differs from the Spanish because it accesses the Guaraní directly and alters the original, as exemplified by the recovery of the former title (*Pyambu / Dream Pattering Soles*). Revisiting the bilingual edition, *Ita ha'eñoso / Ya no está sola la piedra* (Asunción: Alcándara Editora, 1985), thirty-six years after its publication, led the author to edit the Guaraní version for this trilingual edition.

This English translation from Guaraní via a Spanish bridge draws out cultural references implicit in the original. I close read and compared the Guaraní and Spanish versions, translated from both languages, queried the author, and edited the English version. *Dream Pattering Soles* is a contemporary counterpart to *Ayvu Rapyta* (*The Origin of Human Language*), a collection of sacred Mbyá Guaraní myths transcribed and collected by the ethnologist León Cadogan. Thus, Meza creates a lyric flow between the ancient and new word. I untranslated the Guaraní terms that reference these myths, and expounded their literal and cultural meanings in the notes.

Meza's central figures of speech are metaphors and metonymies used in conjunction. Something substitutes another which is part of a whole. The attribute of a particular god is identifiable in a human and that of any human is identifiable in an animal or thing. The anthropologist Eduardo Viveiros de Castro claims, "Animism, interpreted as human sociality projected onto the nonhuman world, would be nothing but the metaphor of a metonymy." In *Dream Pattering Soles* metaphors for metonymies topple the nature / culture / supernature triad and are replaced by literality. Animals are human and everything is sacred, immortal, cyclical. Paraphrasing the researcher Gloria E. Chacón, the cosmos and the everyday are symbiotic.

Ita ha'eñoso / Ya no está la piedra Formerly and Again Known as Pyambu / Pyambu es una plaquette trilingüe escrita en guaraní por Miguelángel Meza, traducida al español por Carlos Villagra Marsal, Jacobo Rauskin y el autor, y traducida al inglés por mí. El título original, *Pyambu*, cuya traducción literal al español es *Sonar de pies descalzos trajinando*, fue reemplazado por los traductores por *Ya no está la piedra*. La traducción literal de este nuevo título al guaraní, *Ñaha'eñoveíma ita*, no le convenció al autor y lo transformó entonces en *Ita ha'eñoso*, cuya traducción literal al español es *Piedra libre de soledad*.

El primer diagrama que acompaña esta nota ilustra los significados literales y los significados literarios o metafóricos de los títulos. Son metáforas de una sintonía con otros modos de ser y otros seres del mundo. La imagen auditiva onírica (el durmiente sueña el sonar de pies descalzos trajinando) nos lleva a tomar conciencia de presencias amenazantes, deidades que se han vuelto casi humanas: incluido el Pombero, un personaje de la mitología paraguaya. La imagen visual afectiva (*Ya no está la piedra*) nos lleva a tomar conciencia de múltiples presencias reconfortantes, de la humanidad de lo no humano: específicamente, de un mineral.

Las barras entre los títulos y sus traducciones representan semejanzas y diferencias entre las distintas versiones. Las variaciones se deben a la falta de equivalencia entre la sintaxis y el vocabulario de la lengua de origen y de la lengua de destino. Las similitudes se deben a que las traducciones del original en guaraní forman una continuidad: el inglés no podría existir sin el puente del español. También podría interpretarse que las barras representan cortes de verso: cada versión continua donde la otra terminó, expone connotaciones adicionales, latentes en el original.

El segundo diagrama de la cubierta ilustra cómo las versiones se relacionan tanto cíclicamente como secuencialmente. El inglés difiere del español porque accede al guaraní en forma directa y altera el original, como lo ejemplifica la recuperación del título original (*Pyambu / Sonar de pies descalzos trajinando*). Volver a la versión bilingüe *Ita ha'eñoso / Ya no está la piedra* (Asunción: Alcándara Editora, 1985), luego de treinta y seis años de esa publicación, llevó al autor a editar la versión en guaraní para esta plaquette trilingüe.

La traducción del guaraní al inglés vía el español como enlace saca a relucir referencias culturales implícitas en el original. Hice una lectura detallada y comparé las versiones en guaraní y en español, traduje a partir de ambas lenguas, le hice consultas al autor y edité la versión en inglés. *Dream Pattering Soles* es un poemario contemporáneo que traza correspondencias con los antiguos textos míticos de la comunidad mbyá guaraní, transcriptos y reunidos por el etnólogo León Cadogan en el *Ayvu Rapyta* (*El fundamento de la Palabra*). De este modo, Meza genera una continuidad lírica entre la palabra antigua y la palabra nueva. Dejé sin traducir los términos que contienen referencias a esos mitos, y expuse sus significados literales y culturales en las notas finales.

Las figuras retóricas que utiliza Meza son principalmente la metáfora y la metonimia combinadas. Algo es sustituido por otra cosa que es parte de un todo. Los atributos de un dios en particular se pueden reconocer en los seres humanos y los atributos de los seres humanos se pueden reconocer en un animal o una cosa. El antropólogo Eduardo Viveiros de Castro afirma que "el animismo, interpretado como la sociabilidad humana proyectada sobre el mundo no humano, no sería más que una metáfora de

Ita ha'eñoso / Ya no está sola la piedra Formerly and Again Known as Pyambu / Dream Pattering Soles ha'e peteĩ plaquette mbohapy ñe'ẽme Miguelángel Meza ohaiva'ekue guaraníme, ombohasapyre Espáña ñe'ẽme Carlos Villagra Marsal, Jacobo Rauskin ha ijapohare, ha ambohasa inglés-pe che. Héra ypy, *Pyambu*, oñembohasávo España ñe'ẽme oĩhaichaite ha'éva *Sonar de pies descalzos trajinando*, ñe'ẽmbohasahakuéra omyengovia *Ya no está sola la piedra* rehe ha'éva *Naha'eñovéima ita* ñe'ẽyvotyháicha ñe'ẽmbohasapyre, ko poravo ndo'aporãi apoharépe aranduka rerarã ha omoambue *Ita ha'eñoso*-pe. (oĩhaichaite ha'éva, *Oso ita ra'eño*).

Tenondegua mba'emohendaha omoirũva ko tembihai ohechauka mba'épa he'ise oĩhaichaite ha mba'épa he'ise ñe'ẽyvotyháicha tērā téra ombojojakañýva. Ha'ekuéra mbojojakañy ohóva ambue teko rehe ha ambue oikovéva rehe ko yvy ári. Ta'anga ñahendúva onirháicha (Pynandi jeguata ryapu) ñande gueraha jahechakuaávo oĩha oĩva ñande jerére ñanemongyhyjéva, āngavaívaicha oikóva chuguikuéra yvypóra nungaite: peteĩva, pe Pombero, tapicha guaraní paraguaigua momb'e'ugua'úpegua, Pe ta'anga techapy ñanemo'āngamýiva (Naha'eñovéima ita) ñande gueraha jahechakuaávo oĩha heta mba'e ñande jerére ñanemohesãiva, ñandekuéraicha jahechakuaa pe ndaha'éiva ñandekuéra: ja'eporãite hağua, peteĩ mba'e'atã.

Tai'yke terakuéra ha ñe'ẽmbohasapyre pa'ũme omombe'u ojojugua ha ojuavyha mbohapyve ñe'ẽme. Umi juavy ojehu ndaipórigui te'iseha pe ñe'ẽjuajukatúpe ha ñe'ẽ ojeporúva oñembohasa hağua ambue ñe'ẽme pa'ũme. Jojuguákatu ojehu ñe'ẽmbohasapyre guaranígui oúgui joysýire: ingle ndaikatumo'āi kuri oĩ ndoipurúi rire yhasaháramo España ñe'ẽ. Avei ikatu jahechakuaa tai'yke ohechaukaha ñe'ẽyvotypehẽ kytĩ: peteĩva ñe'ẽ opahápe oñepyrũ ambuéva ñe'ẽ, ohechauka jojuhu oĩmiẽva, otytyivahína ñe'ẽyvoty tenondépe.

Mokõihagua mba'emohendaha ohechauka mba'éichapa osẽ ojuehe sapy'apy'a ha jeyjey avei. Ingle ojuavy España ñe'ẽgui ohechágui guaraníme oĩva ambue hendáicha, ombyechapyrãvo jeguerujey pe téra ypy. (*Pyambu / Sonar de pies descalzo trajinando*). Jejujey aranduka ñe'ẽkõime *Ita ha'eñoso / Ya no está sola la piedra* (Paraguay: Alcándara Editora, 1985), mbohapypa poteĩ ary ñeguenohẽ rire, ogueraha ijapoharépe omoambuemimívo guaranímegua ko plakétte mbohapy ñe'ẽmepe ğuarã.

Ko ñe'ẽmbohasapy guaranígui inglépe España ñe'ẽ rupive ombojuajúvo onohẽ omyesakã techarã oĩva jehai ypy ryepýpe. *Dream Pattering Soles* ha'e ñe'ẽyvotyryru ko'ağagua ohaíva jojuhu ymaite guare haipy mbya guaraní mombe'ugua'u ndive, ohai ha ombyatyva'ekue León Cadogan *Ayvu Rapytápe* (*El fundamento de la palabra*). Kóicha rupive, Meza omyeñói guerahave ñe'ẽyvoty rupive ñe'ẽ yma ha ñe'ẽ pyahu mbytépe. Nambohasái umi ñe'ẽ orekóva mandu'a umi mombe'ugua'u rehe, ha ahechauka mba'épa he'ise oĩhaichaite ha mba'epa he'ise arandupyháicha ko'ã tembihai pahápe.

Unmi ta'anga guenohẽ oipurúva Meza etereive ha'e mbojojakañy ha mboheraambue jopyru. Oĩ oñemoambuéva ambue mba'ére ha'ehapehína peteĩ mba'epajeýnte. Upe mba'éichapa peteĩ tupãichagua jahechakuaa tapichakuéra rehe ha upe mba'éichapa tpichakuéra ikatu jahechakuaa umi tymbáre térã oimeraẽva mba'ére. Ku antropólogo Eduardo Viveiros de Castro he'ietevoi "mba'emoingove, ojehecháva tapicha ñomoirũreko ohasáramo tapicha'ỹva ári, ha'étante peteĩ mbojojakañy mboheraambue rehegua". *Dream Pattering Soles*-pe umi mbojojakañy mboheraambue rehegua oity pe mbohapyreko osẽnteva / arandupy / osẽrusúnteva ha oñemyengovia sãso rehe.

Translator's Note
Elisa Taber

Nota de la Traductora
Traducida al español por Silvina López Medin

Ñe''ẽasahára'rembihai
Oñe'ẽmbohasa España ñe'ẽme Silvina López Medin
Oñe'ẽmbohasa guaraníme Miguelángel Meza

Pyambu	Ita ha'eñoso
Dream Pattering Soles	Ya no está sola la piedra
Pombero	Solitude Abandons Stone
	Attunement